I0480142

COMO VENÍA DICIENDO

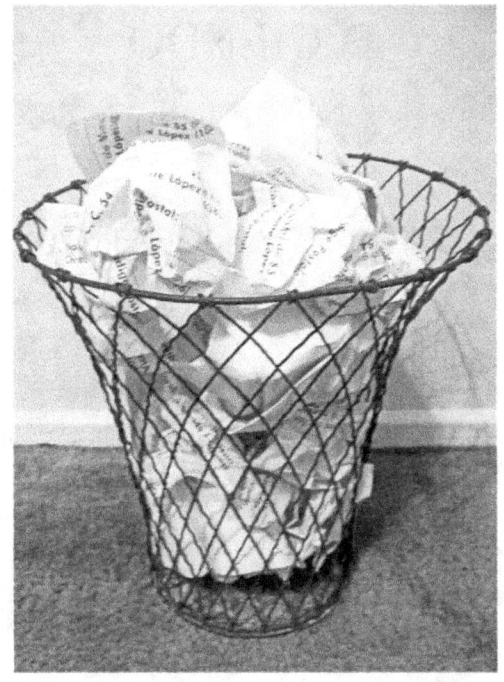

Javier Alejandro Robledo

2015
LUNA BISONTE PRODS

COMO VENÍA
DICIENDO

© Javier Alejandro Robledo 2015

Imagen de la portada: Diccionario comentado por un poeta (tomo I)

Imagen de la contraportada: Puente Cultura-Naturaleza

Imagen de la carátula: Antología Poética
[Para ver más grande esta imagen cf. la pág. 99]

Diseño del libro por C. Mehrl Bennett

ISBN 978-1-938521-23-2

LUNA BISONTE PRODS
137 Leland Ave.
Columbus, OH 43214 USA

http://www.lulu.com/spotlight/lunabisonteprods

ÍNDICE

A mi especie (relativamente nueva en el planeta y en la vida.)
Como humilde aporte, en la esperanza
de que terminemos de evolucionar.

Encarnaciones

Dos poéticas

Es fácil ser un poeta maldito.
Vomitar cocodrilos sobre las cúpulas de los templos heridos.
Atormentar cachorros con la pezuña del adoquín oxidado.
Masticar abrojos y lamparitas eléctricas sobre el filo del cordón.

Lo difícil es.
Esgrimir un pulpo azul sobre el estrado del abismo.
Alumbrar un icosaedro en la frente del almendro.
Plantar un rayo en el hueco de la esfinge
                              y que viva.

La banalidad de la magia.

Qué banal el milagro.

Con su insignificante pétalo cayendo sobre la vía.

Con su chica bebiendo café de un vaso de telgopor mientras espera el tren.

Y nadie se asombra de que el universo haya evolucionado 15.000 millones de años hasta esta máquina alargada que ruidosamente ingresa al andén y se detiene justo en la línea amarilla; nadie lo toma por un milagro, ni yo.

Nadie calcula cuántos millones de estrellas, quasares, supernovas y agujeros negros se han coordinado en el infinito combinando en innumerable cantidad de hechos y circunstancias en su juego para que las puertas del tren se abran como lo más normal y yo, una pieza más, haga mi mínimo banal aporte de ingresar en el furgón junto a las bicicletas que tampoco sorprenden a nadie con su ingeniería de dos ruedas, aunque pienso que deberían sorprenderme, y allí sólo atino a escribir en un papelucho estos pensamientos semitrascendentales , hasta que el vendedor de lapiceras interrumpe mi vaga filosofía con la suya más práctica y contundente. Luego sigo observando, cada uno jugando su rol a fondo creyendo que su jugada define el cosmos y la existencia según su parecer o al menos lo modifica radicalmente en el acto de darse placer al encender ese cigarrillo o enviar ese mensaje de texto.

Qué banal el milagro con su hoja de otoño volando por la calle, con su vieja cruzando la calle a paso lento, con su caño roto colgando de ese techo, con su nube que se esfuma en el cielo, con su ruido que se aleja, con su tipo que comenta algo de su trabajo, con su señora que hojea la revista.

Qué banal el milagro con su sol elevándose sobre nuestro cielo y calentando a temperatura exacta (otra vez) tantas millones de voluntades y existencias para que cada uno haga lo que le parezca, con lo que le toca en suerte…

Voracidades del diablo

"Brilla tú

diamante loco" (Pink Floyd)

Permiso.

Voy a entrar en el infierno.

Chamuscada carne.

Purificación salvaje.

Herida rota sin rocío.

Dolor de alambre raquítico.

¿Podré mantenerme consciente y al mando en la furia del vendaval?

¿Cuánta catástrofe soporta el pulso?

¿Qué inauditas pesadillas asechan mi sangre empecinada?

¿Podré sortear sin aniquilación el desfile de afilados huesos?

¿Tragarán los demonios mis ojos, mis arterias, mis pelos en pedacitos?

¿Soy capaz de tanta tortura trunca?

¿Adivinaré acaso los ocasos de mis dioses?

¿Vomitaré el sentido de mis horas sagradas en el baúl de los paradigmas?

¿Destrozaré con uñas el destino que me cercena?

¿Maldeciré los restos del pájaro naufragado por la quilla de la luna?

¿Canibalizaré el mundo que he creado bajo la pestaña quebrada?

O

¿Resistirá mi alma las enfermedades de mi mente endiablada hasta que cesen de tanto escarnio inútil destructivo?

¿Podré llegar a resucitarme como el Cristo?

¿Atravesaré todas esas calamidades para rociar de soles y de sales, un nuevo universo?

Quizás,

quizás,

por qué no…

Al pasar

Cobija el rulo la paciencia
de la almeja todita floja.
A cada cresta le corresponde su carnaval
sea de ola o de gallo.
Flecha en el trueno finge nombres
roza penínsulas y lobos.
Tanta tantitud abruma
seca arrastra
vende el vendaval
saluda al cenit.
Oprime esa cosita de la nada
se me repta al tallo
al por mayor servida
de oferta en bandeja astral
plagada de leucocitos y paradigmas
diástoles y escarabajos
tetraédros y velociraptors
amebas y mandalas
bailecitos y esternocleidomastoideos
marabuntas y sombreros
quasares y tentáculos
barriles y barriletes
en danza, siempre en danza
siempre…

Rapto en el metro

…es decir, lo fugaz

la risa las llamas la corbata púrpura

ansiedad por nada

nadie asusta

ronca el lobo no es perro

un hueso de la galaxia

latido ritmo vibra en sintonía

punto que percibe

rodear números descifrar códigos

de velar bellezas y catástrofes

lúcido en el sueño

héroe al fin

entre

paraíso y desastre

destello y abismo

despertar y sueño.

Herida brotada

Fue la herida brotada del frágil corazón despedazado
almohadón hiriente
que arremolinó los intersticios
más sagradamente en la abismidad
cuando estalló la belleza ante el
asombro y el tuyo si la sensualidad
no hubiera o hubiese tocado el aire
no tendría ahora este escribiendo
soledades sobre los trenzados pelos
ah braza quemante
de con partir y quedar con el sexo
cambiado por un jardín
alimentado de colores y versos
intercambiando anillos
resbalar contra el impermeable
es tanta la gracia que a veces duelo
o no tengo la grandeza para soportar la gracia
negadas sombras locura en la cordura
expresión de tan tantas
pulsiones
inexplicables.

Shoiki Yoko en la isla de Guam

Cuerpo a tierra casco oxidado sobre las cejas la luna baña su rostro embarrado la nube de insectos le revolotea sin distraer su mirada atenta sobre el horizonte vigila el honor del samurai no sabe de tiempos puede ser eterna su misión defender el metro de tierra   sagrada hasta la muerte así el Imperio del Japón se concentra en una zanja estrecha trinchera que ha tenido el honor de defender por ventiocho años contra el enemigo invisible contra la nada sable en mano Shoiki Yoko ha esperado el combate por todos esos largos años con el mismo fulgor que el día en que le asignaron ese puesto en la espesura de esa isla perdida en el Pacífico desde allí cada ola sobre la playa ha sido una amenaza de traer al enemigo olas olas olas la guerra ha terminado hace ventiocho años pero él no lo sabe porque su guerra no ha terminado porque su lucha es infinita como el mar al que apunta expectante el fusil ya sin pólvora lo importante no es la munición sino el apuntar el ojo en la mira dirigido hacia el objetivo que no se ve pero se imagina próximo a llegar es desafío samurai supremo prueba que el guerrero ha enfrentado victorioso por años con los dientes gastados apretando la bayoneta desafilada héroe anónimo de un Imperio desaparecido pero que cumple en él todo su esplendor silencioso grito de Banzai con la granada enmohecida el Kamikaze ha esperado enfrentarse él solo al desembarco del batallón Shoiki Yoko es así samurai de samuráis nadie ha enfrentado como él semejante batalla la trinchera es su Imperio por eso de allí saldrá solo muerto a reencontrar sus antepasados con todo el honor de su raza hasta la eternidad...

Hombre mirando al Este

Marcelino vuelve al mar
sus amigos han viajado ocho mil kilómetros
para llevarlo hasta las aguas que golpean a veinte cuadras de su casa.

¿Se escondía del azul que rodeaba su isla?
¿Temía asomarse a la costa y divisar la suya separando océano y cielo
y desvanecerse hacerse arena los pies
hacerse sal los ojos?

Ha salido de la isla de sus paredes
se asoma a la explanada de madera
oteando las olas
y sobrevive al embate rectilíneo del horizonte latigando sus párpados.

Hombre de isla vuelve
a mezclar tobillos con caracoles
al soplar turbulento entre sus barbas.

Se eleva más allá de los barcos
una columna enramada de negros brazos
sosteniendo al continente que lo vió curar.

Entonces vuelve de su territorio de letras
para creer en la emancipación de las heridas.
Sobre la playa
ha conquistado su prisión
y vive el sueño de la hermandad.

Poema ex istencial

Nazco y muero a cada instante

aparezco y desaparezco

soy y no soy, intermitentemente

lo que pasa es que sucede tan rápido que

doy la apariencia de ser en forma constante

pero

nada hay permanente aquí, solo un devenir inaprensible

nada más ni nada menos que puro velocísimo milagro

ilusión de fijeza y concretud

en una realidad flujo

así

del vacío

brota el Universo

a cada momento

en infinitas formas

y en ese mismo momento

en el vacío

se disuelve.

¿YO?

Señores sicólogos lo lamento
Yo no existe
Yo es una construcción
de pre juicios
de pre conceptos
creencias teñidas
ilusión mental alien sin hada.
Yo es un error
delirio sostenido como verdad por no pisar
la realidad
impermanente
inasible dinámica
todoparte.

Qué alivio deshacerse de tanto sueño
quitarse el traje urdido por tanta palabra e imagen
y habitar en pelotas, libre, sobre la tierra de la realidad.

MI muy mío mi

mi cama, mi computadora, mis hijos, mi cuerpo, mi deseo, mi mujer, mi madre, mis libros, mi dinero, mi auto, mis opiniones, mi odio, mi afición por el mar, mi título universitario, mi dolor de rodilla, mi rostro, mi escritorio, mi colección de autitos infantiles, mis ojos, mi trabajo, mis amigos, mi sexo, mi voz, mis gustos, mi nacionalidad, mis vacaciones en Mar del Plata, mis poemas, mi tos, mis ideas, mis recuerdos, mi cirugía, mi miedo, mi casa, mi espiritualidad, mis fotos, mi viaje a China, mis proyectos, mi curriculum vitae, mi nombre,

en 100 años todo eso será absolutamente NADA, ni siquiera polvo...

ah...

qué alivio...

Ontología Esencial Evidente

Soy Tierra

    en la fuerza que me une al centro de magma y me sostiene

                en la superficie, que es mi base sólida.

Soy Tierra

    en la materia del cuerpo, en cada átomo del hueso, de la piel, del ojo.

    En el aire que me rodea alimentado por el cordón umbilical de la respiración

                a cada segundo.

    Arremolinada sangre latien do, latien do el milagroso pulso en ritmo.

Soy Tierra arrebatada en sueños de mi conciencia.

    Con una estrella sobre mi cabeza que me acompaña con luz y calor

                exactamente necesarios.

Soy Tierra que se comprende a si misma y aún más allá al universo y sus misterios.

    Lleno de flujos que en mi interior participan del movimiento perpetuo.

Soy Tierra que se transforma a si mismo y se autobautiza

          con el nombre y la bendición que yo elijo.

    En el amor a este hogar maravilloso proceso imparable de vida y de muerte.

Soy Tierra porque asumo esa heredad evidentemente correspondida por derecho eterno.

    En una de sus múltiples formas, rey y siervo de esta realidad inconmesurable.

Soy Tierra no me dividan en naciones ni en pueblos,

          sólo una nación: La Tierra

          sólo un pueblo: el de los seres vivos.

Tierra

Soy.

El sentidor

Qué abandonada la silla sin nadie que la siente.

Qué de la belleza del árbol que no es contemplado.

Qué incomprendido el mar sin poesía.

Mente río tajando desiertos.

Mente poblando ciudades vacías.

Qué solas las cosas, el mundo, Dios,

                    sin el hombre que las piense,

                              las sienta.

Inmovilidad en jaque

a mi tío Fernando

Hay muertes que nos dan ganas de morderle las venas
                    a la esfinge impávida de la justicia
         nos hacen saltear la flecha al talón
         nos vencen tanto.

Uno se pregunta
si la inmovilidad es tal
porque un movimiento
             todavía
                 nos sacude.

La planta real ha crecido
ha roto el encierro de su apretada semilla.
Lo que veo es cáscara.
El invisible continuo sigue su cambio
            su camino.

Un y verso descubridor

a Guido

Habitante del misterio
nada en la nada
nutriente nada
ovalado universo líquido
elíptico pequeñez infinito
sostenido del cordón astronauta
en espacio gestador
seguro abre boca y bebe
cabalga sobre el abismo desde el
vacío del corazón hueco poderoso
consciente en su inconciencia
siente con ciencia del no saber saber
oscuridad o semiluz sonidos cobijan
la matriz más grande
que las galaxias que la inventaron
vacío sostenedor
nada tan seguro en nada
es pez por la boca vive no habla
es astronauta flotando unido tan
es humano amado tan tan
que no sabe lo que tanto sabe
no necesita más
todo tiene todo se le es dado
nada amado en todo
síntesis de misterios
prepara descubrimientos
nuevos universos
ya parte hacia
partir no morir no temas

otro ovalado un y verso
donde cuidamos y aprendemos
parte somos con partimos
aparición de otra estrella ya ah parición
de más

      de lo amado.

En tu nuevo mundo

Sostenido por los brazos

del mundo gran teta

llegado ya albergado

en tu tetamundo

tu tetamundo esférico, nutricio, tibiante, tetante

el llanto es nuestra primera palabra

            primer oficio del hombre

grito de alerta pedido a gritos

grito de vida prendido al pezón de la vida

escudriñas exploras nuevas formas de lo mismo

más allá móviles sonidos tactos

saciantes en la tentante teta

tomando lo solo útil de materia

desperdiciando lo inútil sabiamente

durmiendo el sueño sin justicia ni injusticia ni nada solo sueño

para despertar a la boca abierta otra vez

labios en busca del tetamundo

que lo abarcan y lo convierten en fuente

manantial bendito

            de tu santa leche.

Sueño de cumpleaños

a Baba.

Soñó que estaba pero cómo si había muerto.
Tanta gente apretujada y tan silenciosa
sólo el vendedor de pastillas sobre la tribuna del fortín
rompe el clima del traqueteo
la cartera de la dama sufre un súbito cerrojo
el bolsillo del caballero da un brinco imprevisto hacia su interior.

Mientras la mosca investiga molesta el rostro, rumeo:
(Si Cristo hubiese resucitado muertos todos los días su milagro se hubiese convertido
en un acto natural como la salida del sol, una costumbre
y al mes con 30 resucitados nadie le hubiese dado tanta pompa,
pero fue un hecho extra de lo ordinario, sólo esa vez y gloria!)
Su sensibilidad y bondad le permitieron captar al abuelo muerto en el aire
sí quiero ir , dijo, y al verlo partir lloró. Eso le hizo bien.
Jugaba como un chico a los ochentaycuatro,
rió con ellos y conmigo propenso a la broma
resucitado por el sueño del nieto provoca "extraños"
el milagro es que justo hoy hubiese sido su cumpleaños
así es que
aquel su toque exquisito de mediocampista
nos deja
olímpicamente
en offside.

En Baltimore

(Escrito a dúo con Rubén Kanalestein)

Se multiplican los espejos en la vecindad de los pinos.

Quién pudiera ilustrar la transparencia con pinos.

Si la hoja huye del tronco ya muerta, ya muerte,

sirve al deseo de la tierra que la recibe.

La muerte se ha quedado entre nosotros

y la tierra, las hojas y los pinos

redimidos

convertidos en espejo

señalándonos otro farol

        otra lámpara

        otro mapa más detallado

la música de aguas infinitas

el fuego convertido en cielo

el cielo convertido en lágrima

la lágrima convertida en ese rocío

que calmara tu sed de mujer

en la mañana cósmica.

Soy humano:

ese que vibra y fluye, que permanece inmóvil

y no es cuestión de ser, quizás, ni siquiera de fluir.

más bien inspiración de desaparecer

en la madrugada

para amanecer

     entre gallos y melodías

dejando atrás la pesadilla

porque esta mañana espanté el último fantasma

y somos hombres que andan

     por el solo gusto de andar

el eco responde al eco

el bucle se hace cabellera

hoy me regalaste una cabellera

              robada del cielo

diciéndome

"A mí me suceden las estrellas fugaces".

incluso dentro del cuarto

y yo, que creía que solamente a mí

me pasaban estas cosas.

A veces me gusta ser explícito,

me gusta decir

con páginas de diccionario

encontradas al azar

Sal

Sala

Salamandra

y diciéndome muchas veces

      Sal, Sala, Salamandra

termino en el silencio

      de saberme universo

        y nadie

        y aquél otro

        y la crin de un caballo

abandonada en la Vía Láctea.

      te acordás a dos pasos de Baltimore,

tan cerca de Indonesia

de las lunas de miel

de la miel helada

que la luna vierte,

del duelo de mordiscos y azucenas

del decir del silencio como una trompa de elefante

o de escucharlo con su oreja de abanico.

Lo demás es lo otro

mancharse de mediodía.

Culto Divino III (tan tantra)

Ante el tótem con sagrado
se arrodilla
y rinde culto
devota.
La piel se encarna
bajo la magia de los dedos.
Se yergue definitivo hacia el cielo
sobre el hechizo de la oración de la lengua.
Ante el ritual ataque de las pequeñas uñas
se estremece hasta fundirse en infinito
y descargar en truenos su sagrada lluvia
sobre la boca que recibe el maná
fruto del piadoso rezo.

El tótem se desvanece.
En reverencia agradece a la sacerdotisa
el haberlo transmutado
de dios
en hombre.

No llores por mi

"...si entre ellos se pelean..."
José Hernandez

Sé de un territorio
anegado de huesos estaqueados contra su tierra
por haber comido del menú de muerte
                         adornado como manjar
escondido ciego
             tras la mueca de los títeres
que atienden la terapia intensiva
                  con el trapo rejilla del galpón.

Así envenenados
¿Podremos re lucir
               este escombro asaltado sin manos
antes que el disco de la luna
                guillotine nuestra última cuerda de voz?

20 de Diciembre

"La ocasión es como el fierro:
se ha de machacar caliente."
José Hernández

¿Fue sueño o despertar de un sueño

por estruendo de ollas

el salir a revolver el fondo

de nuestra libertad saqueada?

Brotamos hacia las calles

infinitos, descomunales, argentinos

despertados al grito de la tierra

embanderados en telas color reino de los cielos en este mundo

ah brazados alrededor del fuego

de la basura que quemábamos ritualmente

por iluminar la patria y la matria

encendidos poros de padres con pies de hijos colgando en hombros

encendidas y ancianas pieles empuñando espumaderas feroces

encendidos puños jóvenes batiendo esperanzas con batiendo horror

rozábamos gozosos el pelaje de un animal íntimo y primitivo

del que éramos células

no éramos ni

de boca ni de river ni

ricos ni pobres ni

peronistas ni radicales ni

eramos puro No y puro Sí

un despertado

y peligroso Pueblo

que había que volver a hacer dormir.

Entonces emergió el terrible dragón
para atropellarnos las uñas y los dientes
golpearnos los pelos erizados
encerrarnos los remontados cóndores
balearnos la voz asesinada
y en la batalla hijo asustado:
- ¿qué pasa papá?
- están apaleando a las Madres...
- ¿y a los papás?
- a los papás también hijo, a los papás también
madres hijos padres resistimos volver al sueño
defendemos el despertar de las gargantas
pero el dragón vomita un gas irrespirable
nos mata veintiocho corazones
encarcela últimos valientes
y en forma de nuevo rey
se encarama sobre nuestras sangres
para dormirlas y beberlas (otra vez)
en el sopor esquivo
de su promesa de salvación.

De malos y otras rarezas

Casi Haikus

I

Aún sepultado resiste
ocaso acuchillado
sangran nubes.

II

Aplasto contra el muro
en mi enemigo
a mi propia sangre.
Muerto el pequeño drácula.

III

Hoja flotante
límite vegetal
entre líquido y aire.

IV

Niño en la ventana
mira el jardín
como en el Edén.

V

Gato amasa
teta es mi panza
mullido en regresión.

VI

Hoja cae al lago
círculos se expanden
Big Bang acuático.

VII

Hoja más verde
grita en la copa
raspada cotorra.

VIII

Llueven hojas
serpenteando en aire
amarillas de tantotoño.

IX

Lenguas de baba
desde garganta azul
lamen playa.

X

Concierto de cascabeles
sobre el pez naranja
vierte cascada.

XI

Ron ron peludo
felino mantra
áspero lame.

XII

Niño duerme
sobre hombro materno:
el Universo a salvo.

XIII

Cada flor: un universo
en universo árbol.
Colibrí que lame su sexo,
sol, pradera y hombre que observa: pétalos de galaxia.

Recontrarefranes

Al que madruga dios lo ayuna.
El hambre temprana es delito sin sanción eterna.

♦ ♦ ♦

Mas vale pájaro en mano que bien volando
rozan las alas vacíos que zumban.

♦ ♦ ♦

Mas vale pájaro en mano que sien volando
la locura en el aire necesita pisar tierra.

♦ ♦ ♦

Primero el suelo o la gallina?
Segundo lo que pisa o quien sostiene?
Tercero el huevo o la pregunta?

♦ ♦ ♦

Una mano lava la aorta,
las yemas sobre la yugular: late, late!

♦ ♦ ♦

No hay mal que por bien no venga.
Como si la venganza supliera sanción con paz.

♦ ♦ ♦

El buey solo bien se lame.
Torea soledades la lengua que muge el decir.

♦ ♦ ♦

El que mucho aprieta poco ahorca.
Torundo estrangulamiento resulta de lo inaprensible.

Escritura Pública

No soy un escritor, soy un escribano.

Doy fe de los hechos fe hacientes a saber:

Un rayo de sol sobre el ala de la libélula, laladelalibélula…

Un odio perspicaz hacia un insensato. Una caricia de hijo en mi mejilla.

Un preconcepto sólido como un objeto surcando mi mente.

Sobrescrita la palabra "vida" sobre "muerte", vale, digo.

Cópiese: la temperatura del cerrojo suspendida en el ardid.

No escribo poemas, labro actas.

Testimonios del devenir a mi mano.

En la ciudad de Buenos Aires, a los cinco días del mes.

A cada segundo instante.

No poetizo, certifico.

Que el acontecer no es susceptible de constar por escrito.

Apenas esbozar simbolizarlo.

Doy Fe.

Adán y Eva con la viborita

Che Adán con tu viborita , !Guarda!

Ea eva, usá tu instinto mamífero salvador!

que sino herman@

te cortarán las venas en pedacitos

y se las comerán saltaditas con ajo.

Che Adán, Ea Eva

esquivale el chicotazo, levantá el talón

al tarascón traicionero del sagaz ofidio

que sino viej@ te llenaran el bocho de escarnios.

Che Adán que no te enrosquen la viborita

Ea Eva dale a la teta que es tentación nutricia

desde los pies sobre la Tierra

decí NO a esa frutatantentadora, putatantentadora

que sino querid@ arrastrarán tu deseo por las espinas

hasta que tu sangre hiele la faz de la tierra.

Che Adán aviváte con la viborita, guarda!

Ea Eva no te tragues la fruta que atraganta

despertále la piel escamada a esa bicha

que sino tu alma será poseída por un demonio

o por 35

y no serás dueñ@

ni de la paz básica

ni del poder infinito

que es tu derecho de vida.

Terceto con rima

Todo "ismo" encierra el peligro de un fanatismo.

Quien ataca muestra su debilidad.

Todo problema es un problema de egoismo.

Poema ontológico telefónico

I

- Holá? Hablo con el poeta?

- Sí, soy yo.

- Perdón, me equivoqué de número telefónico.

II

- Holá? Hablo con el poeta?

- Habla en el poeta la voz del infinito…

- Perdón, me equivoqué de número.

III

- Holá? Hablo con el poeta?

- No acá no hay ningún poeta.

- Perdón, me equivoqué de número.

IV

- Holá? Hablo con el poeta?

- …un tipo pone una maceta en su balcón

y siembra en ella una semilla.

El agua, el sol, el aire y el tiempo hacen brotar una flor extraña.

Un día alguien llama y pregunta por el jardinero.

El tipo no sabe qué contestar.

Acción poética número 0

El poeta está al borde del lago.

El poeta toma una roca y la lanza hacia el agua como acto de escribir.

La piedra-poema vuela silbando el aire.

La roca rompe el espejo del lago como punto final.

La expansión de círculos sobre la superficie, es el poema.

Aclaración:

Es acto "inútil" (o que halla finalidad en sí mismo) tirar piedras al agua, escribir poemas.

♦ ♦ ♦

Acción de Pseudo-homenaje al Ego del Poeta

El poeta toma dos huevos duros sin pelar.

Escribe en uno la letra Y y en el otro la letra O.

Muestra al público la palabra YO.

Parado en puntas de pié eleva los dos huevos lo más alto que puede en el aire.

Salta para poner más arriba el YO por un instante.

Uno de los huevos se le resbala y cae al piso.

Es el huevo "O".

El poeta lo pela y se lo come.

Se queda con el huevo Y, lo mira intrigado sin comprender.

Entrega el huevo "Y" a alguien del público.

Acción de Poema coral colectivo

El poeta coloca al público en semicírculo frente a él.

Reparte hojas de papel y lápices de colores entre la gente.

Cada persona escribe una palabra que se le ocurre.

El poeta señala a una o varias personas que se levantan y pronuncian la palabra que ha escrito.

Así sucesivamente, con diferentes volúmenes e intencionalidades marcadas por el ademán del poeta..

Cuando así lo considera, con un gesto, el poeta finaliza el concierto.

◆ ◆ ◆

Acción de altísimo vuelo poético

El poeta toma una pluma de ganso o similar.
Escribe en el aire mientras dice:

- Cayó una hoja del árbol, y se llevó el viento.

 - Poética del ave: no dice "vuelo". ES vuelo.

Luego toma la pluma
soplándola por debajo la hace volar,
evitando que caiga al suelo.

Acción de inacción e impoesía

El poeta

permanece

inmóvil

en silencio

por 30 minutos.

Sin embargo

todo se mueve

todo cambia

todo vibra.

◆ ◆ ◆

Acción de Persona lidiad

Dedicado a los Beatles

El poeta dice repetidamente:
   -   Apego, apego, apego…
Simultáneamente va pegando en su cara
etiquetas con los textos: "yo", "mi" y "mio"
hasta cubrir cu rostro y su cabeza.

Queda inmóvil unos momentos.
Balbucea: - de esa pego, de esa pego.

Comienza a despegar los papeles
diciendo: - Desapego, despaego, desapego…
va haciendo un bollo con las etiquetas.
Al terminar toma la bola de papel y la estrella contra el piso
a la voz de: - Esa puta del ego !

Poema malo

Yo soy un poema malo

le pego a mi vieja

escupo a los pelados desde el balcón

digo que Rimbó era un hijo de puta traficante

tengo orrores de ortografía

y me cago en la umanidad

porque es un virus que asola a este planeta.

Yo soy un poema malo

escondo chinches en el asiento del colectivo

excito a las adolescentes con mi lectura para que se masturben por primera vez

a los poetas principiantes los desaliento diciéndole que son unos chotos

que abandonen la escritura y se dediquen a jugar al truco.

Yo soy un poema malo

estoy escrito en una hoja mugrienta de una libretita espiralada de 50 centavos

estoy plagado de adjetivos rimbombantes,

de alusiones obvias y de plagios seudo surrealistas

pero mi autor sueña con eternizar su nombre

y me lleva a tertulias literarias interminablemente aburridísimas

donde me lee con grave voz como si yo, poema de mierda, fuese

algo importantísimo e indispensable para la umanidad.

Yo soy un poema malo

pero como mi autor tiene fama de muy importante y reconocido

a mi, me tienen por bueno

me aplauden ceremoniosamente con los ceños fruncidos

y hasta figuro en lujosas antologías y traducciones a varios idiomas

lo peor de todo es que

como mi existencia depende de mi escritor

ni siquiera puedo hacer

la gran Lugones

o la gran Pizarnik

y suicidarme..

Antología de Libros Anteriores

De Labrapalabras (1990)

Volátil vuelo

En los apolíneos dedos de la lluvia
descansó su hastío
      el pájaro
             feroz.
Amplió su lengua hasta los bordes
      los bordes embrujados de la brújula.
Reflejó su ojo sin pestañas
      la luz tardía de una luna seca.
Emprendió el planeo
      sobre tejas superpuestas
          chimeneas sin rumbo.

Hechiza la aguja ahora
plumea el aire
      bajo las alas.

◆ ◆ ◆

          cópula
En la afilada punta de la
          cúpula
se ha clavado la luna
llena
por la herida
vierte un líquido plateado
sobre los lados de la torre.
Son las once de la noche
podría ser cualquier otra hora
      cualquier otra noche
      cualquier otra son.

Y entonces ca
                er
rulamente por tu espalda
cintura cintura
sin tu ramojazmines
poner ahora la flor
dentro de tu
dentro de tu
ojal.

◆ ◆ ◆

Culto Divino

Con mi cirio en llamas
en el oscuro
templo
me sumerjo

◆ ◆ ◆

Horizontes

Hoy la tierra (otra vez)
deglute una naranja:
atardece.

Ella cae
también
con paracaidismo de Altazor
sin embargo
no es el mismo abismo (casi)
y la piedra
(Hermosa
          como una mujer saliendo del mar)
es realmente una
          con veleros como senos
                    hormigueos como espíritu
                    sí, como labios
                    entusiasmos.

Pestañas de Artemisa
en qué arista del diamante
podremos
adivinarnos?

Vi un gato en la noche

BIgotes UN
de un largo con
GAnas de ojos
luminosos
pero TOcarlo
se escapó
ENtre LAs
matas. NOté en
silencio dos manchas
meCHEro tenía
al prender.

Sa-pos

La gota
desde la cornisa
se suicida
y alegres hacia el charco
SA-POS, SA-POS, SA-POS.

Arriba un recorte en círculo
deja ver el blancofondo
que ilumina el agua donde alegres
SA-POS, SA-POS, SA-POS.

Al insecto en la pared
le queda poco tiempo
ya se refleja en el ojo de.
SA-POS, SA-POS, SA-POS

De *Labastardapalabra* (1994)

Deseyo

El sentido de la vida
                              es la vida misma.

Deseyo puya
de la vida y la lleva.
Deseyo salta
                    desde cualquier esquina
que late y que sale
con tozudez de almanaque
deseyo mono.

Deseyo llama, desde el rincón inhóspito
deseyo pica explota y fuye.

Deseyar y seguir, por el no letargo. Muerte fin de deseyo.
Deseyo atrapa, que empaña las dos ventanas
que se empuya y deseyando sigue
desde el arcón
desde el momento.

Antepasados

Quien olvida su origen
olvida su destino.
J. Robledo

En mil heridas abrían la tierra
cicatrizaban con granos
el quedar del paisaje
latente
hasta que
tizas las gotas
dibujaran brotes sobre la pizarra del valle.

Luego
caminaron los pies sobre el agua
y la nave desgarró la trenza de los cabos.
Se abrieron como dos labios las costas:
    cúmulo de venas   espectro
    y de carnes una   esperanza.
Se habrán atado al mayor para resistir el canto de esas sirenas
y con quilla como arado a-hora habrán surcado quién sabe cuánto.

Ojos abiertos, ojo planeta,
asteroide minúsculo interiormente poblado de geografías,
                de flora y de fauna extrañísimas.
Ojos abiertos, al continente.

Y llego, también grano, cúmulo potencial, y pongo
oreja en tierra
sobre el rastro de los rostros.
Mire que ir y pararse justo (ante mi comparecen...) sobre la marca en el roble que el
tiempo profundiza (siendo el año mil ochocientos...) surco, surco en dirección opuesta
y escarbo con la pluma como una sonda (de profesión labrador...) descubrir con mi
asteroide el astroluz (declaro el nacimiento de...) y resurgir brote de tronco (hijo de
Don...) refrescar la conciencia (y de Doña) a ellos (acta número, de esta burgueña
tierra...) los inmateriales ahora (sin mas que declarar).

Los que pusieron antes pie en tierra
    labraron el ser de mi nombre
    pintaron el niño que palpita en mis yemas.
Los que en soga trenzada de coraje, crearon y amaron.

Los que en la punta de una península habrán grabado:
    Un grano más soy
    y sin embargo
    un mar
    se orienta hacia mí.

Fueron tiempo tendido,
    y en la trama, punto cruz
                como yo.
Son este vuelco de corrientes y cataratas de relámpagos
                       que me atropella

    esta guerra civil de razones y sentidos
    este pulular de fantásticos
    este ser ahora y otro en un segundo.

Olas de visión empujan como motores antiguos e invisibles.
El niño mirando al oso, ya no verá partírsele la nave.
Vibración añeja busca su fin y su origen:

y llego ahora
soy y descifro
la Vuelta
escondida en el reverso de aquel
              pasaje.

Ceniza S.O.S.

Ceniciento sacudido por el beso absorto de la antimusa
                                              del egoísmo: no despiertes.
Resucitador de hojas otoñales, sigue tu tarea,
 aunque te sobrevuelen pájaros rapiñeros, no levantes la cabeza.
Remolino de luces, escabúllete en la noche
 hasta sorprender a ese niño espiando las estrellas
   por entre las hendijas de la persiana de su cuarto.
Corredor de tranco largo, resiste;
 que la maratón es el sentido de los sentidos
    no pienses en el final, ni en el cansancio, ni en nada,
      sólo corre, corre.
Hermano de las gotas y de los paraísos,
 no atiendas el llamado de parientes falsos,
   envía una paloma mensajera
     a tu verdadera familia.

Estado de sitio

Estoy tan solo como al principio.
Asociarse al silencio.
Rumbo al vacío por ningún camino.
Tomar un café con media luna.
Bajar el volumen de la radio.
Y esa manía de intentar vanamente repetir instantes.
La rebeldía de no mirar a los ojos.
El perro colea que da gusto.
Tratar de no congelar la magia.
(Suelta todo: tendrás todo.)
El es siempre un híbrido entre ángel y demonio.
Meter el silencio en el mango de la cucharita.
Un perfume de campanas que ensavia.
Está pisando, el que hace pisar el palito.
¿Sabés las veces que besé soñarte?
Inflarse y desinflarse; respirar.

(Si no tenés, dalo.)
Locuaz el ojo.
Velo.

Partida

En vidriera de ciudad
juegan ajedrez
futuro y pasado.
Llevan siglos en tablas
  y el intento de trampearse tan vano
    que los alfiles han colgado sus sonrisas por los rincones.

Multitud atenta
se cuadricual en blanco y negro.

El harto presente
recostado en una rama de bambú
cada tanto
sopla:
    - "Transcurrimos
      como si la vida nos la hubieran prestado"

Entonces el espectador gira
y huye con el botín.

Salto esencial en fu sostenido

"Con vos soy toda finalidad"
Andrea.

Aiaiay mi midulce que mi sunyo se me estaba esquilmando
justo cuando lo desbarajaste de un soplo fu boca varita mágica.
(¿Y el partido de ping pong entre el amor y la libertad?)
Mirar el cielo de tu pantalla y la ardua seguida de mi estrella
sin que pase una constelación de Leo por tu televisor,
como diciendo: informamos (bip) se acerca estrella (bip) acompañará en el viaje.
Y mi pirueta en el espacio, mi mirar mi midulce el cielo de tu calle ahora, no el de tu
televisor, y girar y girar, salto,
acrobacia fabulencial ¡ qué coraje señores !, ¡es el gran domador!
(mi) mirar girar (mi) las copas de tu calle (dulce)
y más arriba la constelación que se tensa y se tensa y se tensa
y el gran domador señores catapultado al infinitésimo Universo
el gran domador existe esencial mi miamor
y siente y se siente y siente pasarle el aire por la cara
y te escribe mi micielo, desparramando jazmines a tus pasos,
                                                        su mejor poema.
Aiaiay mi midulce que mi sunyo se me estaba esquilmando
justo cuando lo desbarajustaste de un soplo fu boca varita mágica.

Culto Divino II

Estar
en el momento exacto
en el lugar perfecto
y en ningún otro innumerable sitio
apretando y apretado
sumergido
sumo erguido
perdido ya totalmente
relampaguenado todo a lo largo
relamiendo perro hueso y carne
siendo yo-vos-nosotros
en el justo tiempo
y en el rincón ineludible
donde palpita magma salvaje
el nido blenso de tu deseo.

Declaración Jugada

Se me incendian los talones
Mi voz salta catapultada por mi lengua
Por mis nudillos sopla un parpadeo de puño.

Han pasado más de cien mil años
 y yo
soy El Hombre.

Me afirmo en la línea invisible como un ciego en su bastón
aunque quiebren mis pestañas, deberán demolerme.
Todos corren tras el viento, los brazos abiertos, los rosros desesperados
se trepan a los árboles y creen haber llegado al cielo
hablan por los codos y en su garganta no cabe el tamaño de una palabra
raspan y raspan hasta caer a pique de sus propios castillos plagados de roedores.

El mar no se entera de nada u sigue siendo agua.
En el desfiladero de hormigas
una cría alas.
Señoras y señores.
Me saco el sombrero y digo:
Para mí
se acabó el apocalipsis.

Lazaro otoñal

Abandona la hoja a la no hoja
cabalga en alas, resucita

       a
y vuel   a rama.
       ve

♦ ♦ ♦

II

La realidad del tiempo
se escurre entre los
múltiples
diminutos
relámpagos
del sol ametrallado sobre el río.

La irrealidad del tiempo
se apoya
como la hoja
cayendo sobre mi mano.

Gesto marino

Sobre el mar eyacula
El ojo no guiñado de la noche.

Silencio gesta el nocturno, vientre.

La brisa huye
entre las olas
          clavada al filo
faro estaca
          del horizonte.

Cuando el agua parte
a un sol que hace nacer ya maduro
cómo no dejar de resistirse
               al avance de todo.

Invento vital

Tan cargado
el ulular de una sirena una sirena
me duele la mano un alambre la acalambra
un pelotón de indios en cuclillas sirven panes calentitos sobre la mesa de la pradera.

Mejor dejarse existir.
Dibujar una línea simple así, un hilo de elástico.
Superponer y superponer es demasiado arduo, demasiado duro, demasiado demasiado.

Si total los días son días
en los que estamos sin elegirlo
a la vez que,
        paradojales,
                nosotros
                inventamos el día.

De Cartas Desde El Torbellino Azul (2000)

Así ahora como al principio

Error de Adán:

    tomar el manzano

          como único árbol

    perder así el bosque

    en el que

    a pesar de su ignorancia

          sigue parado.

    Parcelar el ojo

    alambrar el polvo de su origen

    erguirse sobre lo imposeible.

    Construir una celda

    recluirse dentro

    y hacer de carcelero

          para no escapar.

A modo de definición

La coherencia

      es una piedra (un único ejemplar en el planeta)

      que se encuentra en la cima de una montaña

                a veces no descubierta.

La estupidez

        es un grano que crece bajo la uña del meñique

            de las personas que ceden

               a la humana predisposición a ese virus.

La razón

       es el reflejo que un azulejo de baño produce

           en el multifacético ojo de una mosca

             que observa el espejo del botiquín.

La definición

        es un escobazo de aprendiz de brujo

        con el cual

       enjaulamos la pluma del pájaro

       mientras el ave

       sigue volando.

Poema de la cucaracha y el dentista

El dentista es el que se ocupa de mi boca

                     y por la boca me da cucarachas.

Un dentista es siempre un ser no querido

                     alguien peligroso.

Comer cucarachas: asimilar lo desagradable por la boca.

Asimilar. Hacer propio lo otro.

Asimilar lo desagradable es un principio de sabiduría

                (solo lo desagradable que no se puede evitar)

Asimilar al dentista, asimilar cucarachas, asimilar la muerte.

La boca (también) es por donde uno dice. Por donde se pasa a través

                         hacia lo otro.

La cucaracha (también) por su antigüedad en la vida

es inmortalidad

 y por ser justamente desagradable

nunca ha sido

fruto apetecido por la boca.

La muerte es lo otro

               lo de uno es la vida.

Si asimilo la cucaracha la hago propia

                   y mi vivencia se extiende.

El dentista es el brujo

             que me alimenta con esa paradoja.

Rebelión en dos tiempos

Me refugié en un templo inaudito

               sostenido por columnas de antiguo temblor.

Transité por el filo de las sombras

          sostenido apenas

            por el hilo de alfileres hambrientas.

Salté en carnero sobre el acantilado

             abarrotado de estigmas prediluvianos.

Entonces

retorné al templo

y a puño reventé sus copas sagradas y sus lucecitas

rojas parpadeantes rompí

a patadas sus ángeles calcáreos de actitud impasiva

a mano abierta quebré de arañazos

el inmaculado de sus paredes atormenté

de catástrofes los talones de sus vírgenes

convertí en astillas la madera de su cruz

de un cabezazo descomunal

            maté a su dios

y descansé

      descansé...

Aterricé rebotando sobre un campo interminable con un cielo verde.

Enfilé los restos de fosforos quebrados, la desvencijada colección de plumas fugitivas, el cantero de lajas con su canario enterrado,

la nave insignia contumaz , el dedal oxidado de mi abuela, la colección de figuras de

chapa con el basquetbolista,

y con todo eso

me construí un astrolabio

    capaz de surcar un grano de miga por su meridiano

    capaz de tocar las fronteras

        donde la nada y el universo se dividen sus territorios invisibles.

Y volví al templo inaudito

barrí aquel aquelarre

y lo convertí en casa.

Lo habité a mi gusto e instalé en su centro

un libro de tapas blancas

y de hojas blancas.

Y ahora estoy aquí

con esta marea que me merodea

por el ígneo intacto de mi centro

que me amenaza como lo hacía aquel templo falaz.

Y aquí estoy otra vez

buscando un Marzo amarillo

    un árbol nadador

    con que poder plasmar

        sobre el libro blanco.

Bautismo estelar

Nadie escuchó la noche

     ni la cara abierta de la hoja luz.

El bautizador de estrellas

(ojos de pelo negro, pájaro corazón poeta)

    salta el salto de las gargantas

    colgado de una soga de perplejidad.

Ardillean sus orejas

     se derrumba el río

       y el tiempo no lo alcanza.

Las palomas desmitifican próceres:

    Paradas sobre estatuas de rostro severo

       defecan las cabezas de bronce

          hasta volverlas blancas.

El hombre por el sendero

pausado silvestrea

y sus pasos, ¿a qué limbo del pisar van

       al pasar?.

Somos polvo de universo inquieto

    colonizando soledades.

Mañana coticiano

"El futuro ya llegó"

Beilinson/ Solari

Todos dicen futuro

(cada uno a su modo)

con voz esperanza, con sonido temor.

Cuando me toca a mí

me desnudo, me siento sobre una montaña

y triunfal grito: ¡Futuro!.

El futuro

dicho sobre la dimensión

en que la tierra penetra el cielo

es una voz de triunfo

sobre la ilusión del tiempo.

Uno es Uno

Estamos partidos
al medio
entre naturaleza y cultura
entre nuestra
naturaleza y nuestra
cultura.

La naturaleza es Ser y su forma.
Luego
con un cúmulo de si-no
una educación nos separa.

Quedamos así quebrados,

        somos dos,

           o más.

Nos queda la paradójica quimera
    de volver a encontrar

        lo que ya tenemos
   deseducarnos

        para volver a ser
        lo que ya somos.

Razón de corazón

Si el Universo es infinito,

cualquier lugar es el centro del Universo.

A veces me levanto con el corazón en la garganta

a vociferar nubes de alaridos.

A veces me levanto con el corazón en el codo

abrazado por un mar de piedras fosforescentes.

A veces me levanto con el corazón en los pies

pateando hipocampos olvidados entre las comisuras de los adoquines.

A veces me levanto con el corazón en la cabeza

con un asalto de pensamiento arremolinado en torno a una columna invisible.

A veces me levanto con el corazón en la mano

y abro manijas asombradas sobre las puertas de una pesada fortaleza.

A veces me levanto con el corazón en el centro del pecho

y me escurro por el latido de mi cuerpo pulsando los límites de mi piel.

A veces (casi todos los días) me levanto con el corazón en la entrepierna,

con un estremecimiento que me latiga la médula

y ando a soplos de boca propulsado hacia la belleza.

A veces me levanto con el corazón

en el centro del Universo

y corro entre las constelaciones despertando estrellas dormidas

aliento velocidades de cometas

enderezo ejes de astros

o

desciendo en un planeta azul

    para acariciar la rodilla de un niño raspada por una baldosa

        y con su lágrima

            regar

              regar.

Espejado

A veces me violento

        extraviado en el coral amarillo

                de un mar desconocido

se me pierden hasta los ojos

en una mueca de máscara.

Entonces

corro desesperado

entre las hojas abandonadas por el otoño

a toda velocidad enumero millones de piedras

hasta encontrar la sinnúmero

saco un plumero que llevo en mi oreja para esas ocasiones

y con su pluma repiqueteo el laberinto

        hasta develarle su original iris en el arco.

A veces se me enciende un asterisco fabuloso entre las pestañas

que hace a los ladrones apresurarse a devolver tesoros

se me luce la piel del brazo

con un ala sobre el charco del espejo

resucito faroles enmudecidos bajo el cráter de la abeja

  y la solicitud de mi silencio

        en el que me descubro

            hermano de lo divino.

AMORA(en)MUJER

Yo amé a una mujer de piedra

de pechos labrados en redondez de esféricos glúteos perfectos

con la piel pulida inquebrantable

de cabellera petrificada en su mejor belleza

yo amé a una mujer de piedra

hasta que me harté

                de su gesto constante inmóvil.

Yo amé a una mujer de humo

de cintura dorada inasible

de pestañas volátiles explosivas

de piernas transparentes para mis manos de carne

de esfumado decir en la boca

yo amé a una mujer de humo

hasta que me harté

                de no poder abrazarla.

Yo amé a una mujer de agua

de pies levitadores sobre la cima de una torre en Babel

de vulva abarcadora de desiertos recorridos por una huella

                        desconocida

yo amé a una mujer de agua

hasta que me harté

                        de que me ahogara con su todo y su todo.

Yo amo a una mujer de hueso y de carne

de fragilidad metida entre las manos

de pluma quebrada bajo el brazo

de sueño y pasión en las arterias

a veces de equivocado andar en los pies

de sol latiéndole en las mejillas de luna acariciante en los labios

yo amo a una mujer de hueso y de carne

totalmente desenmascarada

                                   imperfecta

                                          como yo.

Dulce dos nocturno

Beso estrellado

humo de tendón

murciélago ronco de sapo oscuridad

repta ciego

iguana incluida en cielo

mirar salpicar

desparramo de luces vos

¿ es luciérnaga

o estrella fugaz

quién gesta el deseo ?

sobre rocío grama el caliente

piel abismo cubre

intersticio de jadeo

aunque entrecerrado espacio

dentro de la pierna acumulado

mirá, mirá la luciérnaga

que eres mi

repito estrellas apoyadas a espaldas

soplo resume a la vez

amor desparrama

la crea acción soy amado

multiplicado sonido mudo

cómo luce la oscuridad en el ala del murciélago que afila la noche cómo se arrastra la hoja de la iguana sobre el otoñal amando

cómo no dice la palabra

cómo vuelve el silencio de la piel

cómo claquea el sapo sobre

lengua puntual filtro

se ve o no

existe

la palmera descolgada de Andrómeda

calle en la copa

arremolinado respiro amor se ve

zumbamos

círculo sobre gira

agua de nube refleja

catapulta (otra vez) estrella allá

mágico filo de silbido

resumen de ojo cerrado

cielo mejilla se ve vuelve

rasante

ay ay ay cómo amor

blanca en vuelve

magnífica

anoche

    ser.

Madrugado por un Dios

Despertarse
a las tres de la mañana
a alimentar a un Dios.

Sagrada tarea
      en la oscuridad de mi semisueño
            calmar su llanto.
Llenar el hueco de su boca ansiosa
    mientras el mantra de los grillos colma la noche.

El Dios bebe
      leche de este planeta del cielo
      Vía láctea que por mi mano desciende
      hacia la ahora paz de su estómago.

En mi heroica tarea
    caigo agotado
      en sus pequeños brazos.
La piel de su rostro
    semidormido me acuna
      y quedo yo también
        colmado.

He cumplido una misión de los hombres:
    porque otra vez
      como todas las noches
        he salvado a un Dios.

Danza infinita

Remolino de luz
habita el inmutable soplo
trasunta el cambio
lo engendra lo sostiene

               para ser no cambio.

Descubrir la inmensidad del grano de arena
es amar el nombre impronunciable
  habitar instante patria en nuestras manos.

Inabarcable sabiduría agitadora de peces y de soles:
      Es nuestra íntima finalidad

                  desterrar la ignorancia

                  acertar el sendero en la bifurcación

                  liberarnos de nuestra propia tiranía

                  y anclar las cansadas naves

                           en el mar de la luz.

Asombrado relámpago

No hay reencarnación.

Está todo

encarnado

aquí.

Muriendo y naciendo

ahora.

♦ ♦ ♦

No es el río dueño del agua

ni el árbol del color verde

ni el hombre

de la conciencia.

Así somos

dueños de nada

poseídos

por el milagro.

♦ ♦ ♦

Algo amanece

rocío sobre la hoja:

La poesía

pendiendo

en esa gota.

♦ ♦ ♦

Poética del ave
no dice:

- Vuelo.

Es

Vuelo.

♦ ♦ ♦

Soy un inconformista:
Me conformo con lo que me da la vida
(me resisto a menos).

♦ ♦ ♦

La Sombra del objeto
también
es el objeto.

♦ ♦ ♦

Calló una hoja del árbol
Y se llevó el viento.

♦ ♦ ♦

Yo no soy.

se conjura
El Ser   en yo.
se conjuga

Poemas Visuales

JESUS
JUDAS
SUDAS
SANGRE
OLIVOS
JESUS
SUPER ESTRELLA EL VASO DEL TEMPLO
CRUCIFIXION ¡SUPER! CRUCIFIXION
REY DIOS HOMBRE PROFETA SOS
PANES
PONES
MANOS
SOBRE
CIEGOS
CURAS
JUDAS
DUDAS
SERMON
PERDON
AMAOS
SIGUEN
HOY LAS
CRUCES

Superstar

NNNNNNNNNNNNNNNNNNNNNNNNNNNNNNNNNNNNNNNNNNNNNNNNNNNNNNNNNNNNNNNNNNNNNNNNNN
NNNNNNNNNNNNNNNNNNNNNNNNNNNNNNNNNNNNNNNNNNNNNNNNNNNNNNNNNNNNNNNNNNNNNNNNNN
NNNNNNNNNNNNNNNNNNNNNNNNNNNNNNNNNNNNNNNNNNNNNNNNNNNNNNNNNNNNNNNNNNNNNNNNNN
NNNNNNNNNNNNNNNNNNNNNNNNNNNNNNNNNNNNNNNNNNNNNNNNNNNNNNNNNNNNNNNNNNNNNNNNNN
NNNNNNNNNNNNNNNNNNNNNNNNNNNNNNNNNNNNNNNNNNNNNNNNNNNNNNNNNNNNNNNNNNNNNNNNNN
NNNNNNNNNNNNNNNNNNNNNNNNNNNNNNNNNNNNNNNNNNNNNNNNNNNNNNNNNNNNNNNNNNNNNNNNNN
NNNNNNNNNNNNNNNNNNNNNNNNNNNNNNNNNNNNNNNNNNNNNNNNNNNNNNNNNNNNNNNNNNNNNNNNNN
NNNNNNNNNNNNNNNNNNNNNNNNNNNNNNNNNNNNNNNNNNNNNNNNNNNNNNNNNNNNNNNNNNNNNNNNNN
NNNNNNNNNNNNNNNNNNNNNNNNNNNNNNNNNNNNNNNNNNNNNNNNNNNNNNNNNNNNNNNNNNNNNNNNNN
NNNNNNNNNNNNNNNNNNNNNNNNNNNNNNNNNNNNNNNNNNNNNNNNNNNNNNNNNNNNNNNNNNNNNNNNNN
NNNNNNNNNNNNNNNNNNNNNNNNNNNNNNNNNNNNNNNNNNNNNNNNNNNNNNNNNNNNNNNNNNNNNNNNNN
NNNNNNNNNNNNNNNNNNNNNNNNNNNNNNNNNNNNNNNNNNNNNNNNNNNNNNNNNNNNNNNNNNNNNNNNNN
NNNNNNNNNNNNNNNNNNNNNNNNNNNNNNNNNNNNNNNNNNNNNNNNNNNNNNNNNNNNNNNNNNNNNNNNNN
NNNNNNNNNNNNNNNNNNNNNNNNNNNNNNNNNNNNNNNNNNNNNNNNNNNNNNNNNNNNNNNNNNNNNNNNNN
NNNNNNNNNNNNNNNNNNNNNNNNNNNNNNNNNNNNNNNNNNNNNNNNNNNNNNNNNNNNNNNNNNNNNNNNNN
NNNNNNNNNNNNNNNNNNNNNNNNNNNNNNNNNNNNNNNNNNNNNNNNNNNNNNNNNNNNNNNNNNNNNNNNNN
NNNNNNNNNNNNNNNNNNNNNNNNNNNNNNNNNNNNNNNNNNNNNNNNNNNNNNNNNNNNNNNNNNNNNNNNNN
NNNNNNNNNNNNNNNNNNNNNNNNNNNNNNNNNNNNNNNNNNNNNNNNNNNNNNNNNNNNNNNNNNNNNNNNNN
NNNNNNNNNNNNNNNNNNNNNNNNNNNNNNNNNNNNNNNNNNNNNNNNNNNNNNNNNNNNNNNNNNNNNNNNNN
NNNNNNNNNNNNNNNNNNNNNNNNNNNNNNNNNNNNNNNNNNNNNNNNNNNNNNNNNNNNNNNNNNNNNNNNNN
NNNNNNNNNNNNNNNNNNNNNNNNNNNNNNNNNNNNNNNNNNNNNNNNNNNNNNNNNNNNNNNNNNNNNNNNNN
NNNNNNNNNNNNNNNNNNNNNNNNNNNNNNNNNNNNNNNNNNNNNNNNNNNNNNNNNNNNNNNNNNNNNNNNNN
NNNNNNNNNNNNNNNNNNNNNNNNNNNNNNNNNNNNNNNNNNNNNNNNNNNNNNNNNNNNNNNNNNNNNNNNNN
NNNNNNNNNNNNNNNNNNNNNNNNNNNNNNNNNNNNNNNNNNNNNNNNNNNNNNNNNNNNNNNNNNNNNNNNNN
NNNNNNNNNNNNNNNNNNNNNNNNNNNNNNNNNNNNNNNNNNNNNNNNNNNNNNNNNNNNNNNNNNNNNNNNNN
NNNNNNNNNNNNNNNNNNNNNNNNNNNNNNNNNNNNNNNNNNNNNNNNNNNNNNNNNNNNNNNNNNNNNNNNNN
NNNNNNNNNNNNNNNNNNNNNNNNNNNNNNNNNNNNNNNNNNNNNNNNNNNNNNNNNNNNNNNNNNNNNNNNNN
NNNNNNNNNNNNNNNNNNNNNNNNNNNNNNNNNNNNNNNNNNNNNNNNNNNNNNNNNNNNNNNNNNNNNNNNNN
NNNNNNNNNNNNNNNNNNNNNNNNNNNNNNNNNNNNNNNNNNNNNNNNNNNNNNNNNNNNNNNNNNNNNNNNNN
NNNNNNNNNNNNNNNNNNNNNNNNNNNNNNNNNNNNNNNNNNNNNNNNNNNNNNNNNNNNNNNNNNNNNNNNNN
NNNNNNNNNNNNNNNNNNNNNNNNNNNNNNNNNNNNNNNNNNNNNNNNNNNNNNNNNNNNNNNNNNNNNNNNNN
NNNNNNNNNNNNNNNNNNNNNNNNNNNNNNNNNNNNNNNNNNNNNNNNNNNNNNNNNNNNNNNNNNNNNNNNNN
NNNNNNNNNNNNNNNNNNNNNNNNNNNNNNNNNNNNNNNNNNNNNNNNNNNNNNNNNNNNNNNNNNNNNNNNNN
NNNNNNNNNNNNNNNNNNNNNNNNNNNNNNNNNNNNNNNNNNNNNNNNNNNNNNNNNNNNNNNNNNNNNNNNNN
NNNNNNNNNNNNNNNNNNNNNNNNNNNNNNNNNNNNNNNNNNNNNNNNNNNNNNNNNNNNNNNNNNNNNNNNNN
NNNNNNNNNNNNNNNNNNNNNNNNNNNNNNNNNNNNNNNNNNNNNNNNNNNNNNNNNNNNNNNNNNNNNNNNNN
NNNNNNNNNNNNNNNNNNNNNNNNNNNNNNNNNNNNNNNNNNNNNNNNNNNNNNNNNNNNNNNNNNNNNNNNNN
NNNNNNNNNNNNNNNNNNNNNNNNNNNNNNNNNNNNNNNNNNNNNNNNNNNNNNNNNNNNNNNNNNNNNNNNNN
NNNNNNNNNNNNNNNNNNNNNNNNNNNNNNNNNNNNNNNNNNNNNNNNNNNNNNNNNNNNNNNNNNNNNNNNNN
NNNNNNNNNNNNNNNNNNNNNNNNNNNNNNNNNNNNNNNNNNNNNNNNNNNNNNNNNNNNNNNNNNNNNNNNNN
NNNNNNNNNNNNNNNNNNNNNNNNNNNNNNNNNNNNNNNNNNNNNNNNNNNNNNNNNNNNNNNNNNNNNNNNNN
NNNNNNNNNNNNNNNNNNNNNNNNNNNNNNNNNNNNNNNNNNNNNNNNNNNNNNNNNNNNNNNNNNNNNNNNNN

24 de Marzo

A A A
A A A
A A A
A A A
P   L   BR
A A A
A A A
A A A

ST1

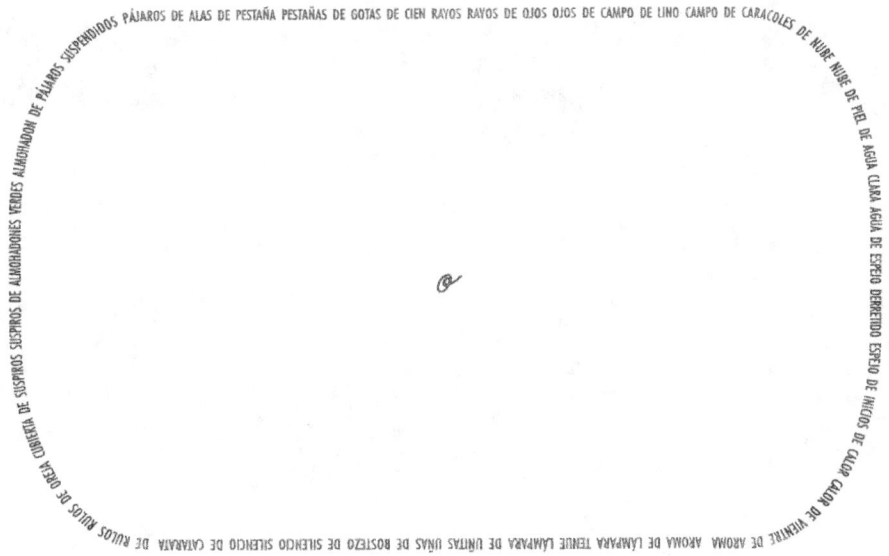

PÁJAROS DE ALAS DE PESTAÑA PESTAÑAS DE GOTAS DE CIEN RAYOS RAYOS DE OJOS OJOS DE CAMPO DE LINO CAMPO DE CARACOLES DE NUBE NUBE DE PIEL DE AGUA CLARA AGUA DE ESPEJO DERRETIDO ESPEJO DE INICIOS DE CALOR CALOR DE VIENTRE DE AROMA AROMA DE LÁMPARA TENUE LÁMPARA DE UÑITAS UÑAS DE BOSTEZO SILENCIO DE SILENCIO DE CATARATA DE RULOS RULOS DE OREJA CUBIERTA DE SUSPIROS SUSPIROS DE ALMOHADONES VERDES ALMOHADÓN DE PÁJAROS SUSPENDIDOS

O

La razon es el calificador que transforma a la eternidad en tiempo

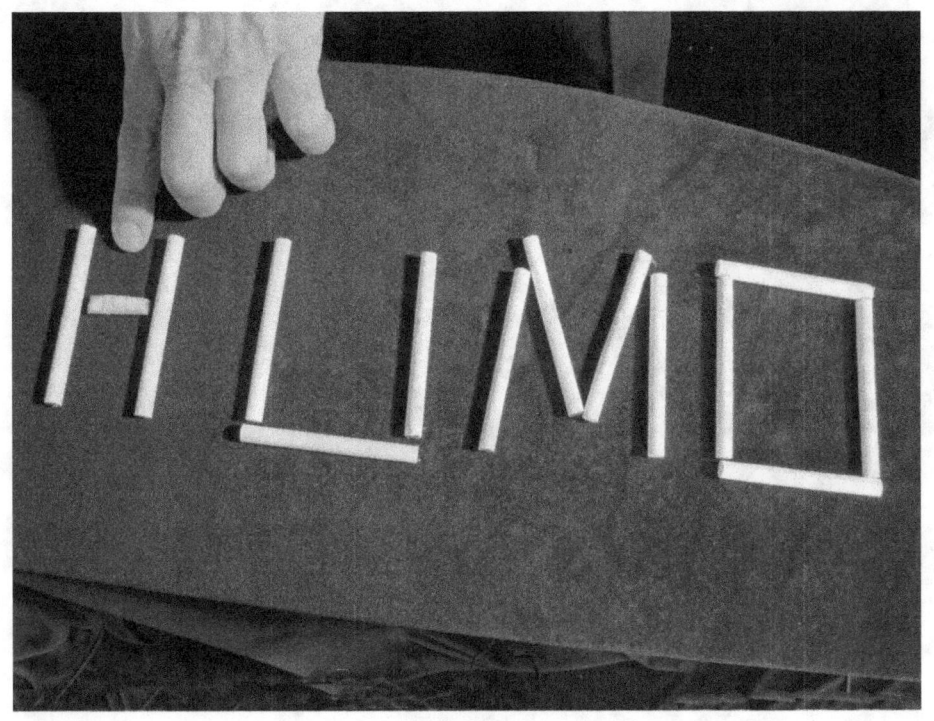

Es fumado

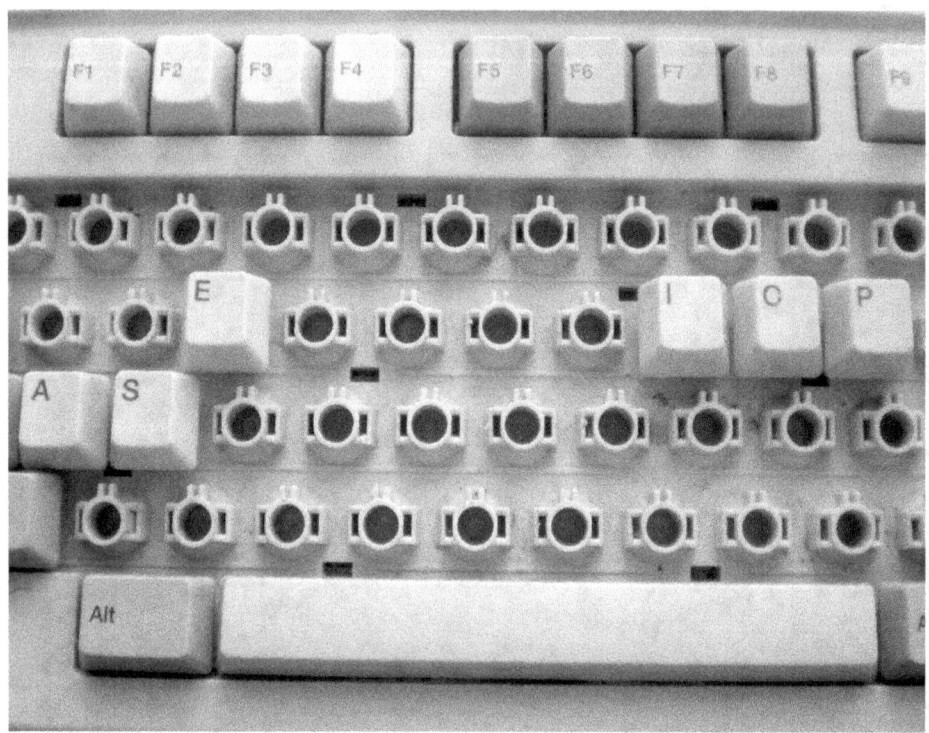

ST2

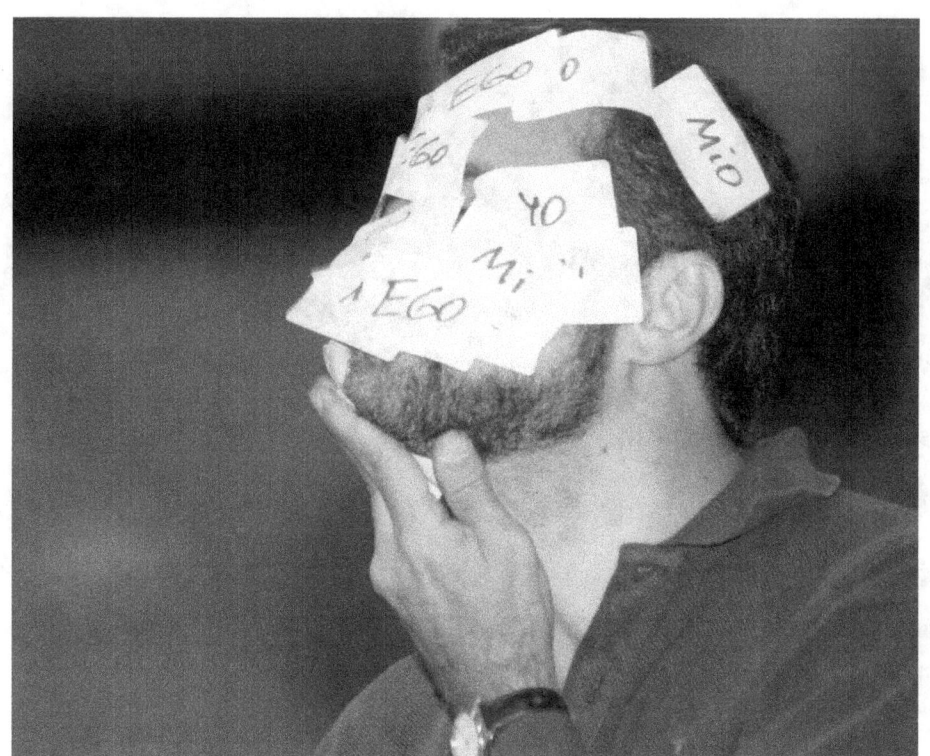

Desapego

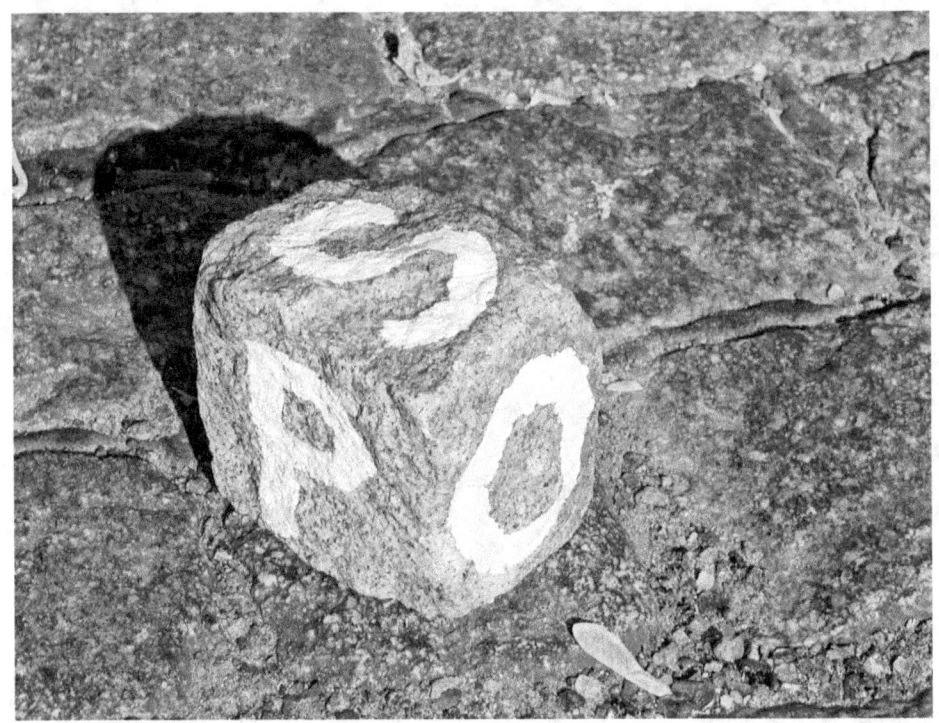

P-O-E-S-I-A

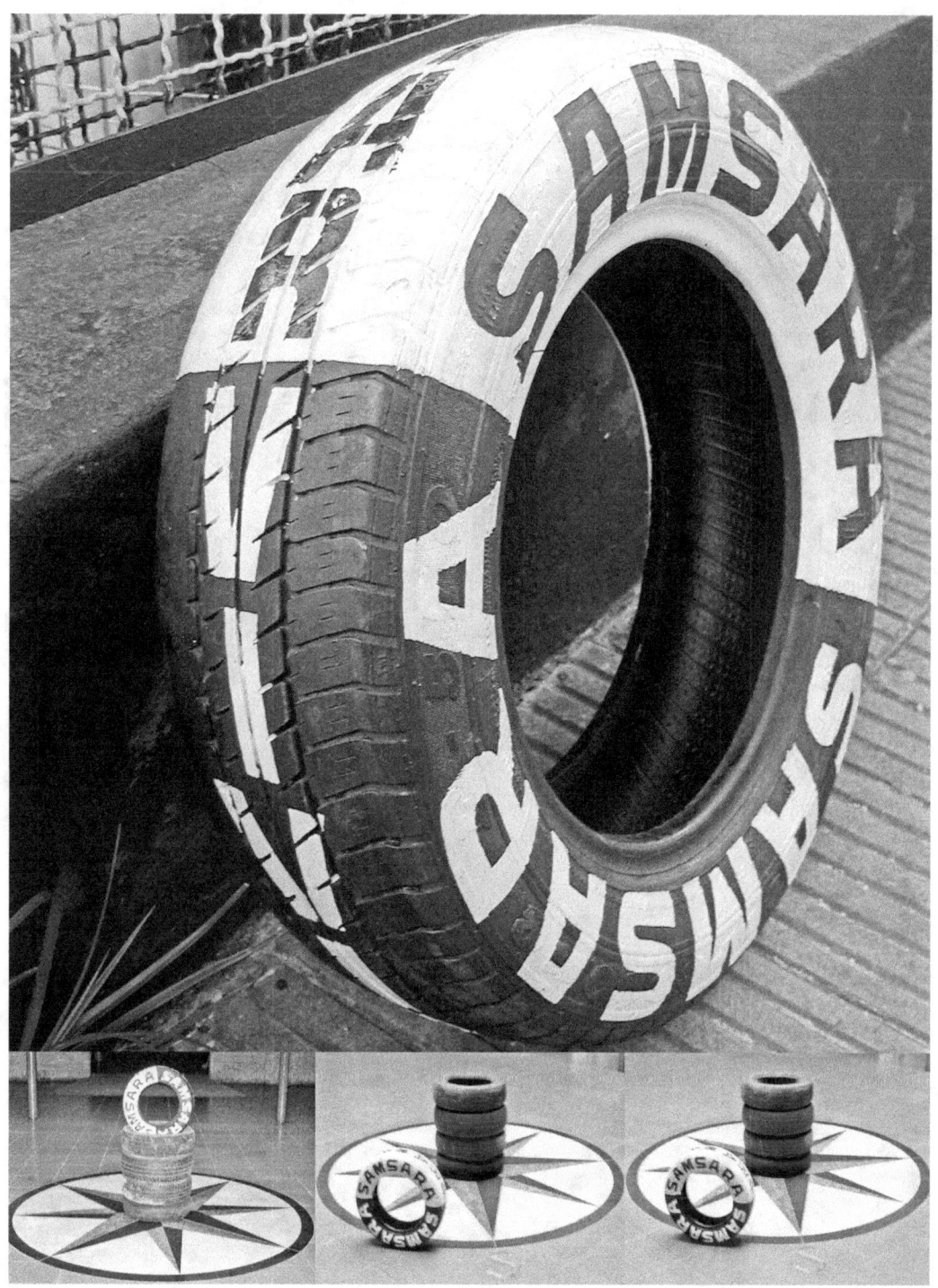

Samsara

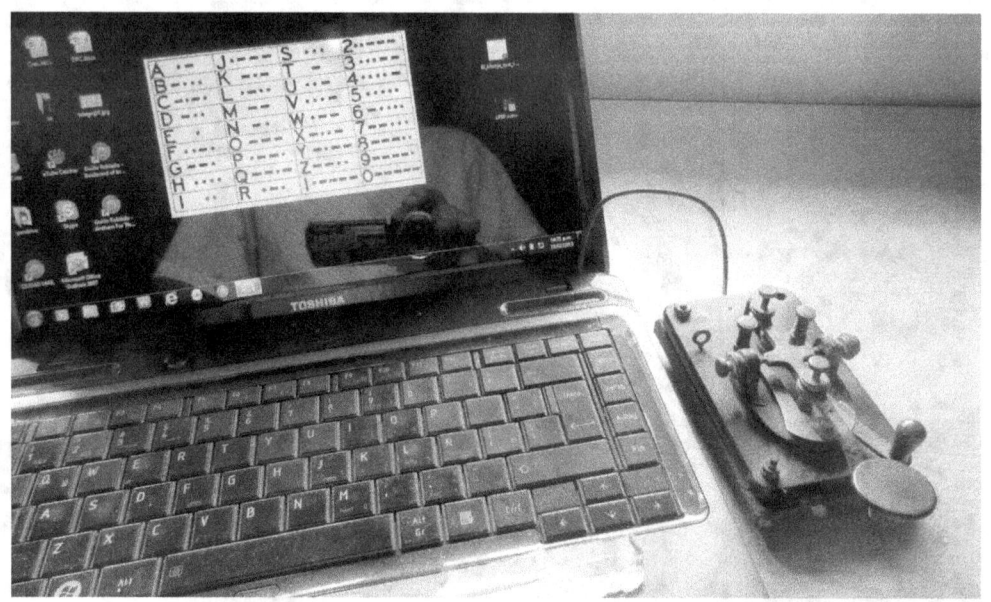

Máquina para enviar mensajes en tiempo irreal

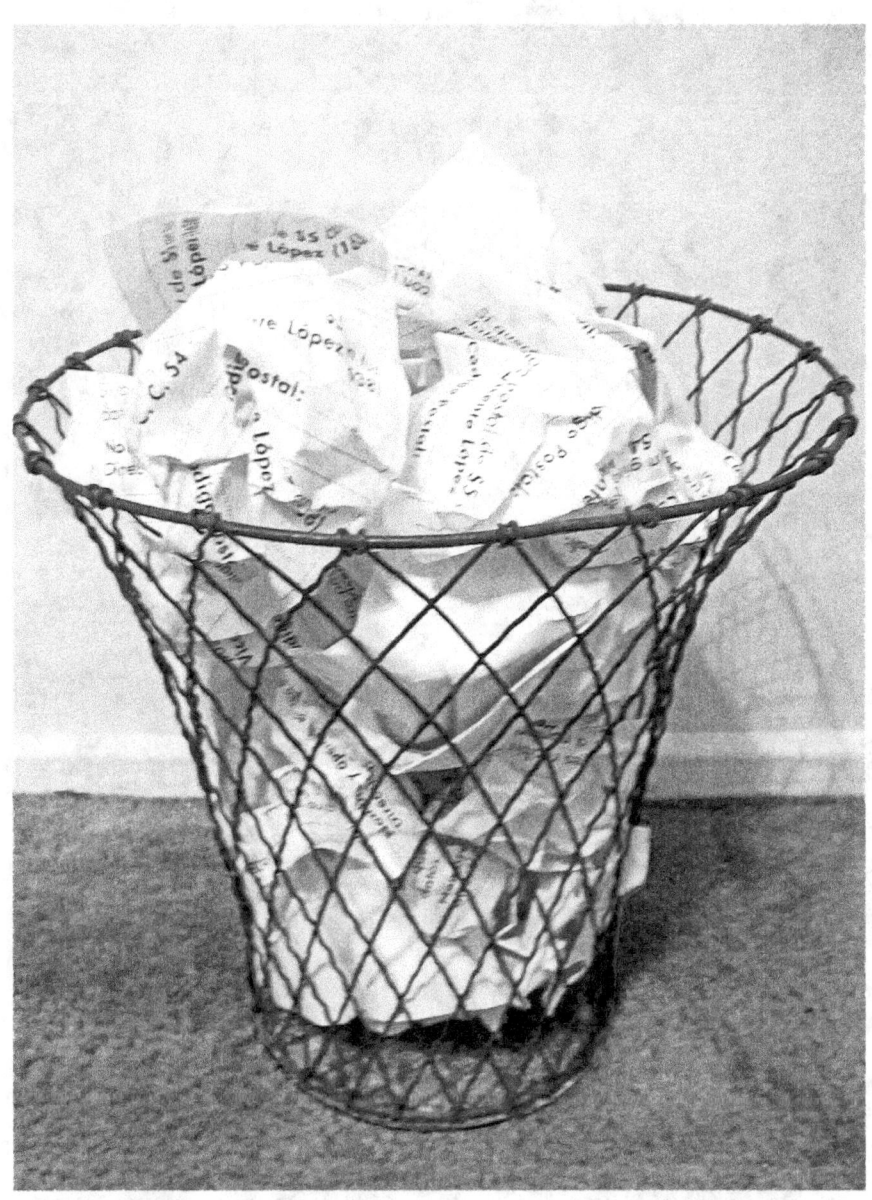

Antología Poética

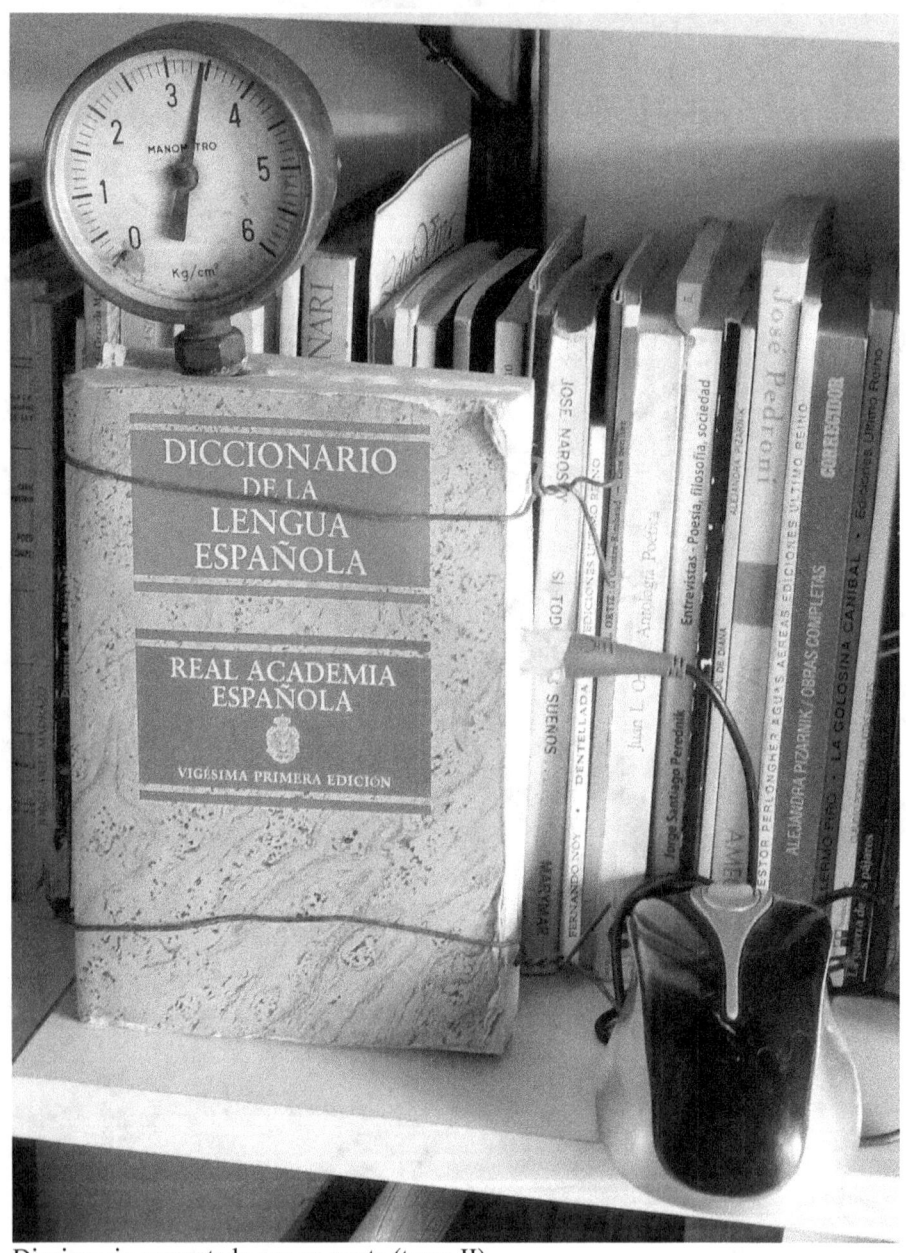

Diccionario comentado por un poeta (tomo II)
Nota editorial: El título de la imagen de la portada es "tomo I".

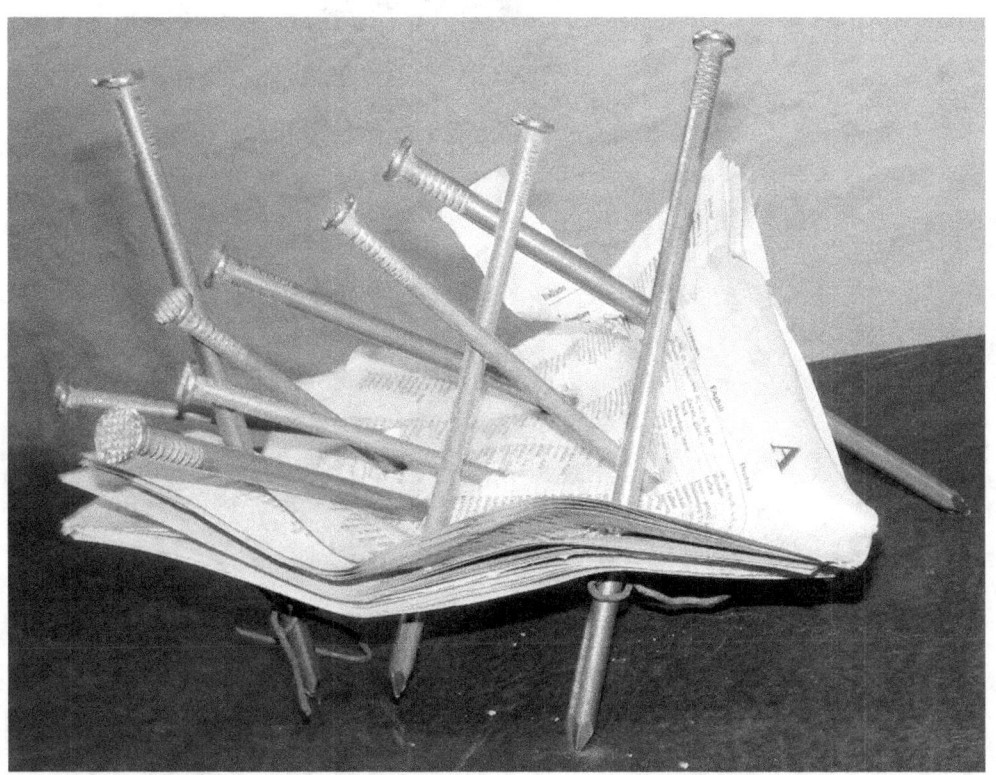

Diccionario comentado por un poeta (tomo III)

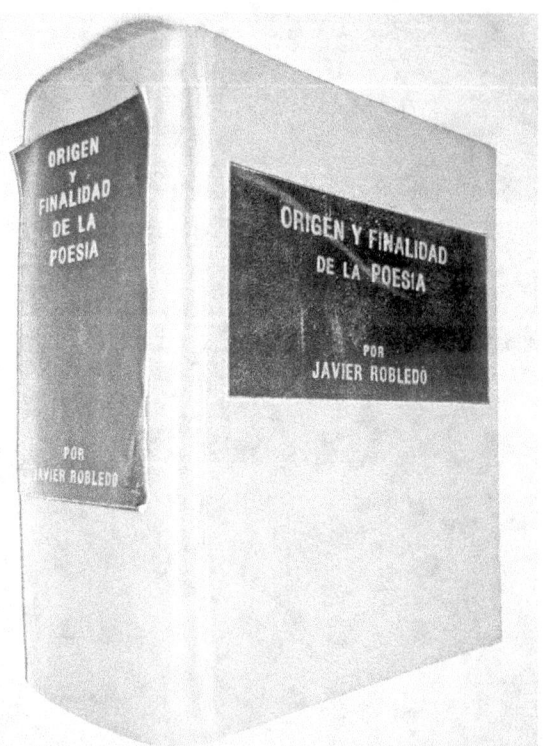

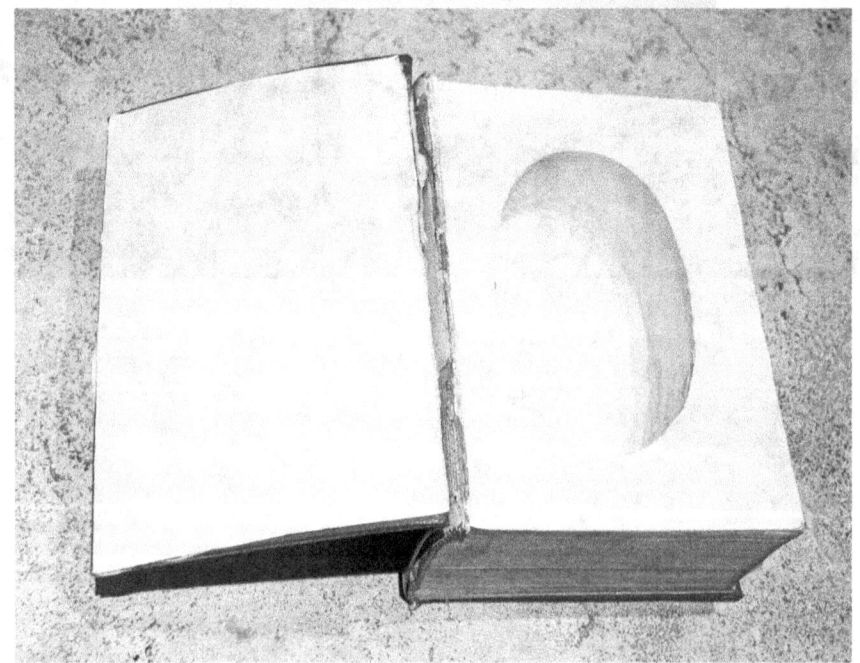

Tratado

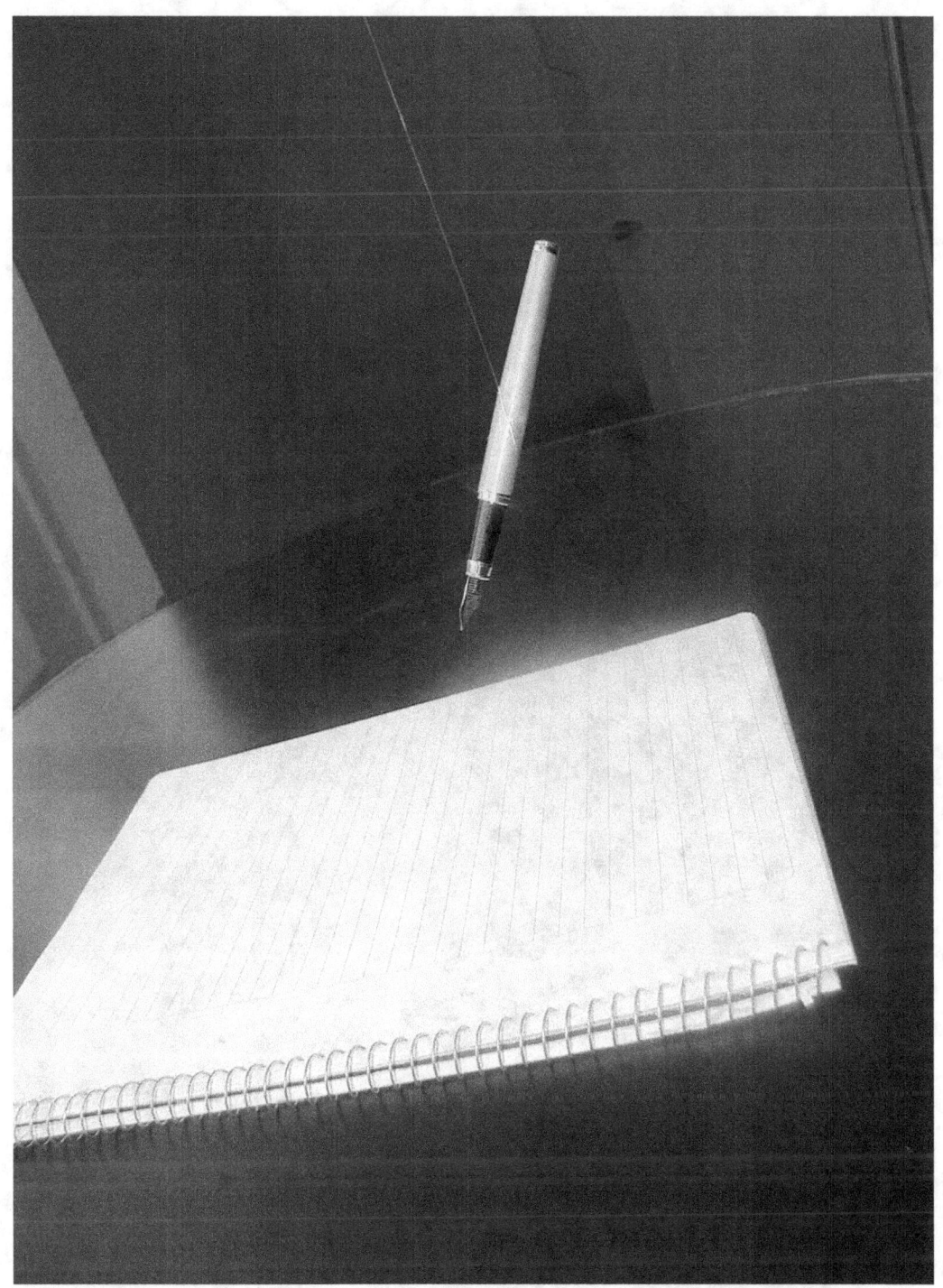

Poema en potencia

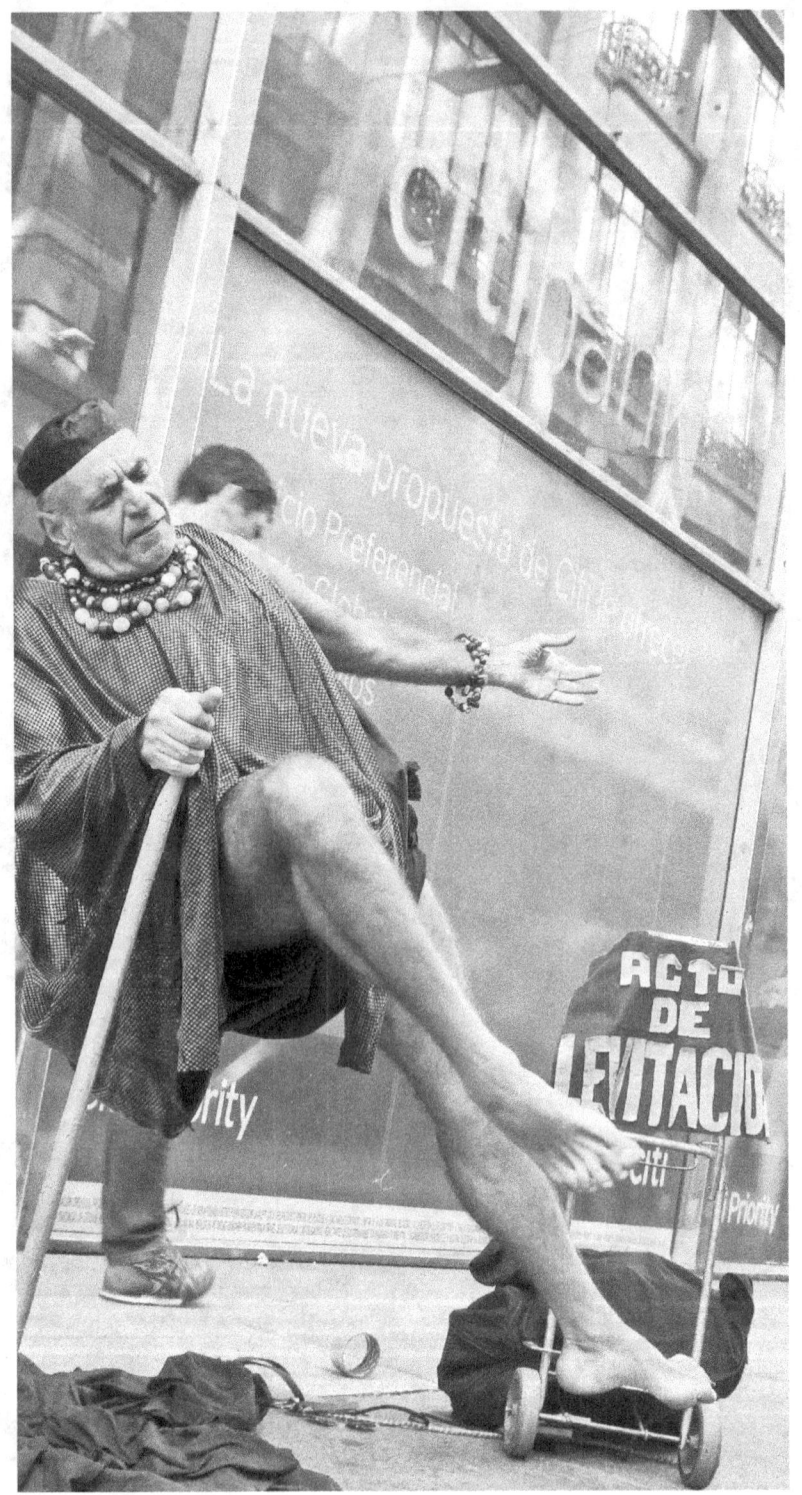
Extasis bancario

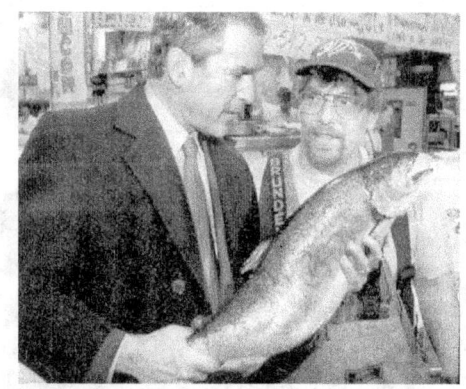

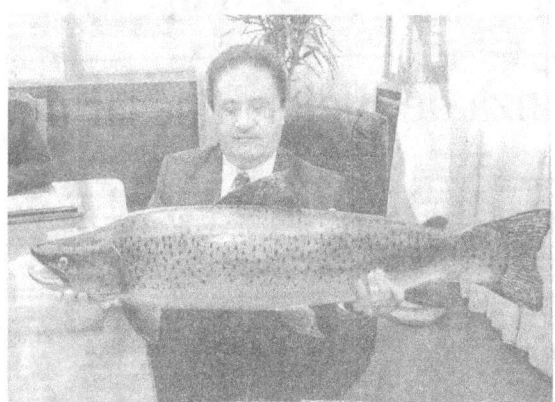

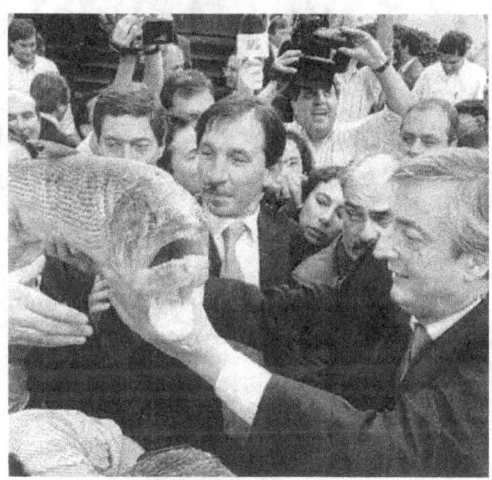

El político y el pueblo

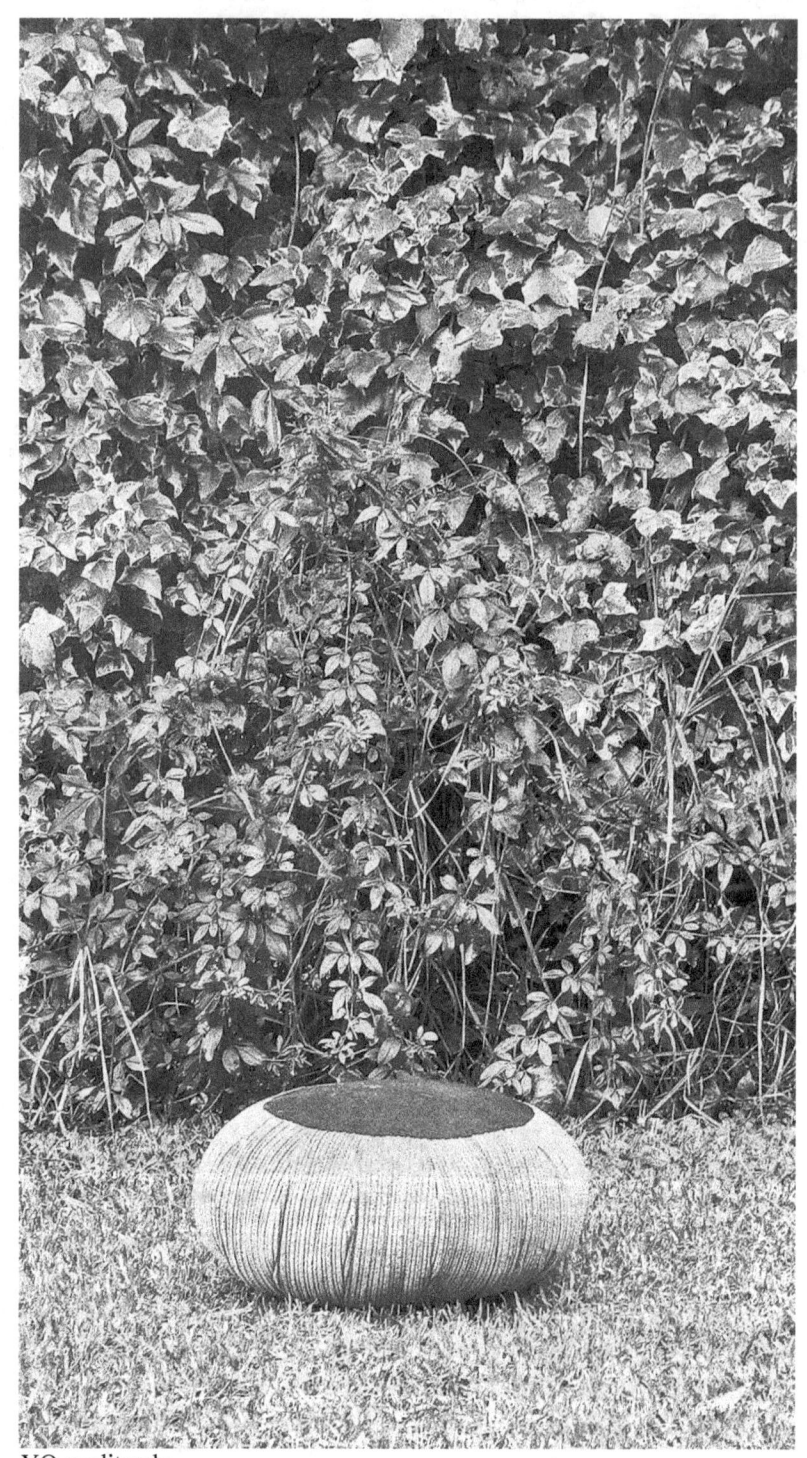

YO meditando

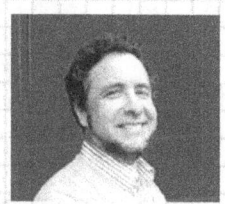

Javier Alejandro Robledo

Anagrama de "el joven bardo de roja lira"

Poeta, Realizador Audiovisual, Performer, Productor (Buenos Aires, Argentina, 1962)

Libros Publicados:

"Labrapalabras" , Ed La Lámpara Errante. Poesía. 1990
"Labastardapalabra", Ed Del Dock. Poesía . 1994
"Cartas desde el Torbellino Azul", Bardo Ediciones. Poesía. 2000
"Elhabir, un personaje inadjetivable", Bardo ediciones. Relatos. 2003

Incluido en Antologías y revistas de Argentina, Usa, México, Italia y Brasil

Director de Bardo, revista de poesía desde 1996 a 2004 www.revistabardo.blogspot.com.ar/

Director de VideoBardo, Archivo y Festival Internacional de Videopoesía, que desde 1996 se ha presentado en diversas ciudades de Argentina y otros dieciseis países. www.videopoesia.com y www.videobardo.blogspot.com

Como realizador audiovisual ha presentado obras de videoarte monocanal, videoinstalación y video documental en muestras y festivales de diversos países . Como performer y artista presentó acciones y obra de poesía visual. Como productor ha organizado diversos proyectos y eventos culturales.

Miembro de APOA, Asociación de Poetas Argentinos desde 1993. Premio Clamor Brezka otorgado por Vórtice Argentina, 2002 y 2004. Integrante de Paralengua, grupo de poesía experimental de 1994 al 96

info@creorpoducciones.com.ar   www.videopoesia.com
info@videopoesia.com   javieralejandrorobledo.blogspot.com.ar
javieralejandrorobledo@gmail.com

Videopoemas: http://javieralejandrorobledo.blogspot.com.ar/search/label/videopoesia
                       www.youtube.com/user/videopoema

www.ingramcontent.com/pod-product-compliance
Lightning Source LLC
Chambersburg PA
CBHW081734220526
45468CB00008B/2094